Julia Boehme

Bärengeschichten

Illustrationen von Michael Schober

Die Deutsche Bibliothek – CIP-Einheitsaufnahme

Leseraupen-Bärengeschichten / Julia Boehme.
Ill. von Michael Schober
– 1. Aufl. – Bindlach : Loewe, 2000
(LeseRaupen)
ISBN 3-7855-3625-9

*Für Volli
und alle anderen Bären*

*Der Umwelt zuliebe ist dieses Buch
auf chlorfrei gebleichtem Papier gedruckt.*

ISBN 3-7855-3625-9 – 1. Auflage 2000
© 2000 Loewe Verlag GmbH, Bindlach
Umschlagillustration: Michael Schober
Logogestaltung: Michael Schober
Reihengestaltung: Andreas Henze
Redaktion: Rabea Timmann

Hallo,

ich bin die Leseraupe. Wie du weißt, sind wir Raupen ganz schön verfressen. Am liebsten fresse ich mich durch Kinderbücher. Da erlebt man immer so tolle Geschichten. Zum Beispiel im Bärenwald. Kaum zu glauben, was die Bären Ben und Balthasar für Abenteuer erleben. Willst du auch wissen, was den beiden Freunden so alles passiert? Dann komm doch einfach mit!

Ich habe schon viele hübsche Raupenlöcher für dich gefressen, durch die kannst du mir folgen. So kannst du über die Löcher selber auswählen, welche Geschichte du zuerst hören willst. Die Bilder, die durch die Löcher zu sehen sind, verraten dir, worum es in der Geschichte geht.

Du musst nur deinen Finger durch das Loch stecken, und schon kannst du bis zu der Seite umblättern, die dich gerade am meisten interessiert.

Wenn du willst, dann mal dir doch ein kleines Raupengesicht auf die Fingerkuppe. So wird dein Finger auch zur Raupe. Und wir können gemeinsam durch die Löcher kriechen.

Und das sind die Geschichten,
die du selber auswählen kannst:

Alles klar? Na, dann:
Auf zu den Bären!

Wachsen Himbeer-
törtchen an Himbeer-
törtchenbüschen? Wenn
du es wissen willst, lies
schnell die Geschichte auf
der nächsten Seite!

Warum vergräbt Balthasar die leckeren Himbeertörtchen in der Erde? Das erfährst du, wenn du die Geschichte hier unten liest.

Siehst du den schönen Globus durch das Loch? Wollen die beiden Bären etwa verreisen? Vielleicht sollten wir einfach mal nachsehen. Steck deinen Finger durch das Loch, und wir erfahren, was die Freunde vorhaben.

Der Himbeertörtchenbusch

Die Bären Ben und Balthasar sind die besten Freunde der Welt. Sie wohnen zusammen in ihrer kunterbunten Bärenhütte beim großen Wald am blauen See. Gerade sind sie im Garten hinter ihrer Hütte und pflanzen Bohnen.

„Weißt du eigentlich, dass aus einer einzelnen Bohne

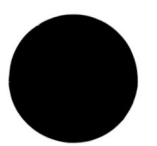

eine große Pflanze mit lauter neuen Bohnen wird?",
schwärmt Ben.

„Ehrlich?" Balthasar überlegt nicht lange. „Dann möchte ich noch etwas pflanzen!", beschließt er. Er holt seine Schaufel, die Gießkanne, und los geht's.

„Wo sind denn die Himbeertörtchen?", fragt Ben später, als sie ihren Kakao trinken wollen.

„Die habe ich in mein Beet gepflanzt!", sagt Balthasar stolz. „Da wachsen bald ganz viele leckere Himbeertörtchen!"

„Du Dummbär!", seufzt Ben. „Man kann doch keine Törtchen pflanzen!"

„Wieso nicht?", fragt Balthasar. Aber das weiß Ben auch nicht.

„Vielleicht hat es nur noch keiner probiert", überlegt Balthasar. „Ich wette, es klappt!"

Also gießt Balthasar jeden Tag seine Himbeertörtchenpflanzen. Und wirklich: Als die Bohnen keimen, sprießt auch aus dem Himbeertörtchenbeet das erste Grün.

„Siehst du! Und ob man Törtchen pflanzen kann!", erklärt Balthasar seinem verdutzten Freund.

Die Bohnen sind längst aufgegessen, als eines Tages acht Himbeeren auf Balthasars Pflanzen wachsen.

„Von wegen Himbeertörtchenpflanzen!", lacht Ben. „Nicht die Törtchen sind gewachsen, sondern nur die

Himbeeren von den Törtchen! Das sind ganz normale Himbeersträucher!"

„Ach so!", murmelt Balthasar und ist ein ganz kleines bisschen enttäuscht.

„Wenn dann an deinen Sträuchern bald mehr Beeren wachsen, können wir aus den Himbeeren einfach selber Himbeertörtchen backen", tröstet ihn Ben. „Außerdem können wir noch Himbeermarmelade kochen!"

„Und Himbeerpudding?", fragt Balthasar.

„Aber klar, den machen wir auch", sagt Ben. „Aus den Himbeeren können wir so viele leckere Sachen machen!"

„Dann ist ja so ein Himbeerstrauch viel schöner als ein Himbeertörtchenbusch!", ruft Balthasar überglücklich.

„Stimmt!", sagt Ben. „Tausendmal schöner. Mindestens!"

Willst du mit Ben und Balthasar eine Weltreise machen? Dann komm schnell mit auf die nächste Seite, und los geht's!

12

Einmal rund um die Welt

Ben und Balthasar wollen verreisen. Sie wissen nur nicht wohin.

„Können wir nicht einfach überall hin?", fragt Balthasar.

„Aber klar doch! Wir machen eine Weltreise!", jubelt Ben.

„Worauf warten wir noch!", ruft Balthasar begeistert und nimmt seinen Rucksack. Denn ihre Sachen sind längst gepackt. „Wo geht's denn lang?"

„Ganz einfach!", erklärt Ben. „Die Erde ist rund. Und wenn man einmal um die Erde will, braucht man bloß immer nur geradeaus zu gehen."

Und schon marschieren sie los.

„Wenn man immer nur geradeaus geht", fragt Balthasar, als sie schon eine Weile gegangen sind, „wann weiß man denn dann, dass man einmal um die Erde rum ist?"

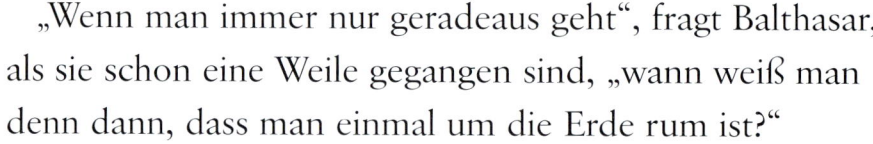

„Das ist auch ganz einfach!", antwortet Ben. „Wenn man wieder da angekommen ist, wo man losgegangen ist."

„Ach so!", lacht Balthasar erleichtert. „Dann ist ja alles klar!"

Sie gehen am großen See entlang, die Hügel hinauf und wieder hinunter und laufen mitten in den großen Wald hinein. Sie gehen so lange, bis vor ihnen - zwischen den Bäumen - die Sonne untergeht.

„Genug für heute!", entscheidet Ben. Und auf einer kleinen Waldlichtung schlagen sie ihr Lager auf und kuscheln sich in ihre Schlafsäcke.

„Ist es noch weit?", fragt Balthasar leise vor dem Einschlafen. „Ich glaube, ich habe nämlich schon Heimweh!"

„Ich glaube, ich auch!", seufzt Ben. „Dabei sind wir gerade erst losgelaufen. Es wird sicher noch eine Weile dauern, bis wir wieder zu Hause sind!"

„Schade!", murmelt Balthasar und schläft ein.

Als sie am nächsten Morgen weiterwollen, wissen sie gar nicht mehr, in welche Richtung sie laufen müssen.

Moment mal! Da fällt Ben wieder ein, dass sie am Abend Richtung Sonne gelaufen sind. Sie müssen jetzt also einfach weiter der Sonne entgegenlaufen. So einfach ist das!

Doch so einfach ist es eben doch nicht: Denn die Sonne geht nämlich gar nicht dort auf, wo sie am Abend

untergegangen ist. Ob man's glaubt oder nicht: Morgens scheint sie genau aus der entgegengesetzten Richtung!

So kommt es, dass die beiden Bärenfreunde am Abend ihres zweiten Reisetages wieder zurück zu ihrer kunterbunten Bärenhütte kommen.

„Hurra!", rufen sie begeistert. „Jetzt sind wir wieder zu Hause!"

„Ist es nicht toll", schwärmt Balthasar, als sie schon in ihren Betten liegen, „dass wir einmal rund um die ganze Welt gelaufen sind?"

„Ja, allerdings!", brummt Ben nachdenklich. „Aber ein bisschen wundert es mich doch, dass die Welt so klein ist!"

Bei den Bärenfreunden kann es auch zu Hause spannend sein. Wozu Balthasar wohl eine Lupe braucht?

Bens Malpinsel ist verschwunden. In der Geschichte hier unten kannst du nachlesen, wie Meisterdetektiv Balthasar den rätselhaften Fall löst.

Oder bist du gespannt, was in der Flasche ist, die Balthasar am See gefunden hat? Komm doch mit mir durch das Loch, und wir erleben ganz wundersame Dinge.

Balthasar, der Meisterdetektiv

Ben malt für sein Leben gern. Oft sitzt er stundenlang draußen im Garten und malt.

Auch heute schnappt sich Ben wieder den Malblock und seinen Tuschkasten und will zur Tür hinaus. Moment, da fehlt doch was! Richtig, der Pinsel. Wo steckt der bloß wieder?

„Hast du meinen Pinsel gesehen?", fragt er seinen Freund Balthasar.

„Nein", antwortet der. „Aber ich finde ihn bestimmt, denn ich bin der beste Detektiv weit und breit!"

Balthasar hat nämlich seit kurzem eine Lupe. Und wer eine Lupe hat, ist auch ein Detektiv. Das findet Balthasar zumindest. Also untersucht er mit seiner Lupe jeden Winkel der Bärenhütte.

„Aha!", sagt er und schaut sich Bens neueste Bilder ganz genau an.

„Sind das die letzten Bilder, die du gemalt hast?", fragt er Ben.

„Ja", brummt Ben.

„Und was ist auf den Bildern zu sehen?", will Balthasar wissen.

„Das siehst du doch!", antwortet Ben ungeduldig. „Sonnenblumen!"

„Richtig!", tönt Balthasar. „Und zwar die Sonnenblumen aus unserem Garten. Übrigens sind die Bilder sehr schön geworden!"

„Danke!", sagt Ben. „Aber mein ..."

„Deinen Pinsel", unterbricht ihn Balthasar, „hast du also zuletzt im Garten gehabt! Ich wette, dort liegt er noch!"

Sofort rennt Ben in den Garten. Und im Gras unter den Sonnenblumen liegt tatsächlich sein Pinsel.

„Hurra!", ruft Ben und hebt Balthasar vor Freude hoch in die Luft. „Du bist ein echter Meisterdetektiv!"

Balthasar strahlt: „Jetzt löse ich deinen nächsten Fall!"

„Ich habe keinen Fall mehr!", lacht Ben. „Ich bin restlos glücklich!"

Schnell wäscht er noch den Pinsel aus, nimmt seinen Malblock, um endlich malen zu gehen ... Aber da fehlt doch wieder was!

„Wo zum Kuckuck ist mein Tuschkasten?", ruft Ben entgeistert.

„Keine Sorge, ich finde ihn bestimmt wieder", verspricht Meisterdetektiv Balthasar. Und diesmal wird er sich viel Zeit lassen, bevor er den Tuschkasten unter dem Schrank wieder findet, dort wo er ihn eben selbst versteckt hat ...

Schließlich braucht ein Meisterdetektiv stets neue Fälle.

Balthasar ist wirklich ein schlauer Detektiv. Und was für eine geheimnisvolle Flasche findet er im See?

Ein fauler Flaschengeist

„Schau mal, was ich im See gefunden habe!", ruft Balthasar schon von weitem und schwenkt eine milchgrüne Flasche in der Pfote.

Ben sitzt auf der Bank vor der kunterbunten Bärenhütte und schmunzelt: „Das ist eine sehr hübsche Flasche!"

„Und weißt du was?", keucht Balthasar, als er sich neben seinen Freund auf die Bank plumpsen lässt. „In der Flasche wohnt ein Flaschengeist!"

„Was?", fragt Ben erstaunt. „Woher weißt du denn das?"

„Ich kann ihn hören!", behauptet Balthasar stolz und hält sein Ohr an die Flasche. „Pssst! – Gerade hat er gesagt: ‚Hallo, Ben!'"

„Ooh!", staunt Ben. „Darf ich auch mal hören?"

Balthasar schüttelt den Kopf: „Tut mir Leid, der Geist will nur mit mir sprechen!"

„Da kann man nichts machen!" Ben nickt verständnisvoll und nimmt die große Harke. „Jetzt, wo du wieder da bist, können wir ja endlich mit der Gartenarbeit anfangen!"

„Natürlich!", ruft Balthasar. Aber dann legt er noch mal sein Ohr an die Flasche.

„Der Geist meint, wir sollten heute nicht im Garten arbeiten", meldet Balthasar. „Es ist kein guter Tag dafür!"

„Da kann man nichts machen!", brummt Ben. „Dann spülen wir eben Geschirr!"

„Klar!", sagt Balthasar. Aber vorsichtshalber hört er noch einmal, was der Geist dazu zu sagen hat. „Heute ist auch kein guter Tag zum Abwaschen!"

„Na gut!", seufzt Ben. „Da kann man nichts machen! Aber aufräumen können wir ja vielleicht."

„Oh nein! Auf keinen Fall!", sagt Balthasar, nachdem er den Geist gefragt hat. „Heute ist ganz und gar kein guter Tag zum Aufräumen."

„Und was machen wir jetzt?", fragt Ben ratlos.

„Ich schlage vor", antwortet Balthasar fröhlich, „wir machen gar nichts!"

Damit stellt er die Flasche beiseite und legt sich gemütlich in die Hängematte. Ben überlegt. Er schleicht sich zur Flasche und hält sie sich ans Ohr.

„Hallo, Geist", flüstert er. Aber der Geist antwortet nicht!

23

„Nanu", denkt Ben. Und da er durch das milchgrüne Glas nichts erkennen kann, zieht er neugierig den Korken aus der Flasche und schaut hinein.

„Da ist ja gar kein Geist!", ruft Ben empört. „Die Flasche ist leer!"

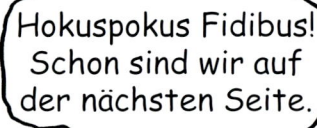

Balthasar guckt ärgerlich zu ihm herüber. „Jetzt, wo du den Korken aufgemacht hast, ist er natürlich weggeflogen!", schimpft er.

„Na ja!", meint Ben und grinst. „Dann können wir morgen in aller Ruhe den Garten machen, abwaschen und aufräumen. Denn morgen ist bestimmt ein guter Tag dafür."

„Da kann man wohl nichts machen!", murmelt Balthasar leise und seufzt.

Hokuspokus Fidibus! Schon sind wir auf der nächsten Seite.

Das Zauberkaninchen hat Balthasar weggezaubert. Wenn du die Geschichte auf dieser Seite liest, dann weißt du, ob Ben seinen Freund wieder sieht.

Siehst du die kleine Bärenfee durchs Loch schauen? Wird sie Balthasars Wünsche erfüllen? Wenn du willst, folge mir durch das Loch! Dort steht die Geschichte von der Bärenfee.

Zauberhafter Balthasar

„Habt ihr schon gehört?", fiept das Eichhörnchen aufgeregt, als Ben und Balthasar im Wald spazieren gehen. „Das Kaninchen gibt heute eine Zaubervorstellung!"

Ben und Balthasar sind sich sofort einig: Da müssen sie hin! Unbedingt!

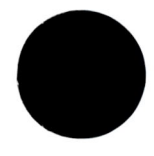

Am Nachmittag sind alle Tiere auf der Lichtung versammelt, wo das Zauberkaninchen seine Kunststücke vorführt. Ben und Balthasar sitzen gleich in der ersten Reihe, und so kommt es, dass Balthasar von dem Kaninchen auf die Bühne gerufen wird.

Er ist mächtig stolz, als er in den Zauberzylinder greifen darf, um zu schauen, ob er auch wirklich leer ist. Und er ist leer, bis das Zauberkaninchen drei Mäuse hineinzaubert, die eben noch im Publikum saßen.

„Meine sehr verehrten Tiere", sagt das Zauberkaninchen schließlich mit feierlicher Stimme. „Jetzt kommen wir zum Höhepunkt! Denn ich werde meinen Gehilfen Balthasar wegzaubern!"

Balthasar winkt Ben noch einmal zu, bevor das Kaninchen ihm den großen Zaubermantel umlegt.

26

„Abrakadabra Hoppelpoppelpokus!", zaubert das Zauberkaninchen, und mit einem plötzlichen Knall ist Balthasar verschwunden. Nur der funkelnde Zaubermantel liegt noch auf der Bühne.

„Bravo! Bravo!", rufen die Tiere.

Nur Ben klatscht nicht. Er macht sich Sorgen. Und was für welche! Was ist, wenn das Kaninchen Balthasar auf einmal nicht mehr zurückzaubern kann?

Doch das Zauberkaninchen hat schon seinen Zauberstab erhoben, und mit einem zweiten ohrenbetäubenden Knall steht Balthasar wieder da und lacht.

„Hurra!", schreit Ben und fällt seinem besten Freund jubelnd um den Hals.

„Eines Tages werde ich auch Zauberer!", beschließt

Balthasar später, als sie zu Hause ihren Kakao trinken. „Und ein bisschen zaubern kann ich schon jetzt! Mach mal die Augen zu, Ben!"

Ben macht die Augen zu. „Hopselpopselpokus!", zaubert Balthasar. Und als Ben seine Augen wieder aufmacht, ist sein Himbeertörtchen verschwunden.

„Weggezaubert!", mampft Balthasar mit vollem Mund.

„Dann zaubere es gleich wieder her!", fordert Ben.

Balthasar schluckt: „Zurückzaubern kann ich aber noch gar nicht!"

„Dann üb mal fleißig!", antwortet Ben. „Denn so gut zaubern wie du kann ich schon lange." Sagt es, nimmt sich Balthasars Törtchen und verschlingt es mit einem Haps!

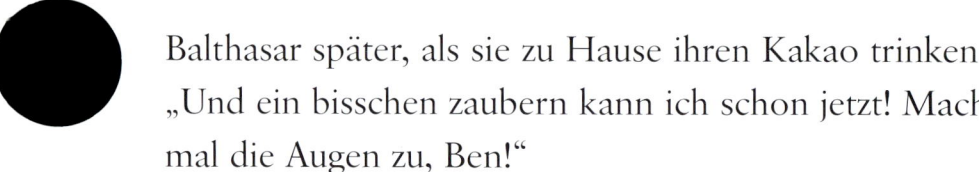

Gut, dass Balthasar sich nicht für immer in Luft aufgelöst hat. Also schnell zur nächsten Geschichte.

Die Bärenfee

Gleich als Balthasar am Morgen aufwacht, weckt er seinen Freund Ben.

„Im Traum ist mir eine wunderschöne Bärenfee erschienen", erzählt er aufgeregt. „Und sie hat mir versprochen, dass sie mir heute drei Wünsche erfüllt. Egal, was es ist!"

Ben ist sofort hellwach: „Dann wünsche dir doch gleich mal was!"

Balthasar braucht gar nicht lange zu überlegen: „Ich wünsche mir Blaubeerpfannkuchen zum Frühstück!"

Doch als sie zum Frühstückstisch laufen, steht dort kein Teller mit leckeren Blaubeerpfannkuchen. Nicht mal der Kakao ist gekocht.

29

„Och!", seufzt Balthasar enttäuscht. „Es klappt ja gar nicht!"

„Dann backe ich dir eben Blaubeerpfannkuchen!", tröstet ihn Ben.

„Au ja!", ruft Balthasar.

Als sie die letzten Krümel des leckeren Pfannkuchenfrühstücks aufgegessen haben, beugt sich Ben neugierig vor: „Was würdest du dir denn als Zweites wünschen?"

„So ein Halstuch, wie du es hast!", ruft Balthasar fröhlich.

Ben bindet sofort sein Halstuch ab. „Ich hab zwar nur das eine, aber heute darfst du es tragen!"

„Hurra!", jubelt Balthasar, und er steht lange vor dem

Spiegel, um zu sehen, wie schick er damit aussieht.

„Als Drittes wünsche ich mir", sagt Balthasar, als sie später zusammen auf der Hängematte schaukeln, „ein großes, lustiges Fest mit allen unseren Freunden!"

„Ein schöner Wunsch!", pflichtet ihm Ben bei. Und als Balthasar ein Mittagsschläfchen hält, schleicht Ben sich in den Wald und lädt dort alle ihre Freunde zu einer großen Party ein.

Am Abend kommen die Wildschweinfamilie, der Maulwurf, die Ente, die Waldmäuse und alle anderen Freunde. Jeder hat etwas zu essen und zu trinken mitgebracht. Die Vögel sorgen für Tanzmusik, und Ben spielt ein Solo auf seiner Mundharmonika. Bis spät in die Nacht feiern, tanzen und singen sie. Und als die Freunde schließlich

glücklich nach Hause gehen, sind sich alle einig: Dieses
herrliche Fest wird keiner so schnell vergessen!

„Das war der schönste Tag in meinem Leben!", lacht
Balthasar, als er müde ins Bett sinkt. „Ich habe mir drei
Wünsche gewünscht, und die Bärenfee hat mir alle drei er-
füllt!"

„So, so, die Bärenfee", brummt Ben. „Kann es vielleicht

sein, dass die Bärenfee in deinem Traum
zufällig so groß ist wie ich und Ben heißt?"

Balthasar überlegt: „Das weiß ich nicht mehr
so genau, aber vielleicht träume ich ja diese
Nacht wieder von ihr!"

„Bitte nicht!", seufzt Ben. „Das ist so
anstrengend."

Nanu, ist das
vielleicht eine
Schatztruhe?
Schnell mal
nachsehen.

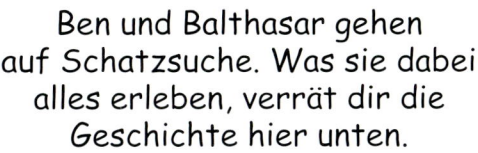

Ben und Balthasar gehen auf Schatzsuche. Was sie dabei alles erleben, verrät dir die Geschichte hier unten.

Und da funkelt ein Stern durch das Loch. Möchtest du wissen, ob es auch am Himmel Bären gibt? Dann graben wir uns einfach durch das Loch.

Der schönste Schatz der Welt

„Heute finden wir einen Schatz!", ruft Balthasar. Fröhlich schnappt er sich eine Schaufel und zieht mit Ben in den Wald. Kaum sind sie ein paar Schritte gegangen, da treffen sie ein kleines, weinendes Entchen.

„Ich habe mich verlaufen", schluchzt es, „und meine Mama verloren!"

„Eigentlich wollen wir ja einen Schatz suchen, aber vorher bringen wir dich nach Hause!", verspricht Balthasar.

„Deine Mama ist bestimmt am See", meint Ben. Und richtig, am Ufer finden sie die aufgeregte Entenmama. Glücklich drückt sie ihr Küken an sich und schenkt Ben und Balthasar als Dank eine wunderschöne, bunte Entenfeder.

„Jetzt suchen wir aber unseren Schatz!", beschließen die Bärenfreunde. Da kommt ein Eichhörnchen angesprungen.

„Meine Baumschaukel ist kaputt", erzählt es ihnen traurig. „Das Seil ist gerissen!"

„Unser Schatz kann noch warten", meint Ben. Dann knotet er das zerrissene Seil einfach wieder zusammen.

Balthasar probiert die Baumschaukel gleich selbst aus. Huuui, ist das schön!

„Danke!", juchzt das Eichhörnchen und schenkt ihnen eine große Haselnuss.

Die beiden Freunde ziehen weiter, um endlich den Schatz zu finden. Unter einer alten, knorrigen Eiche fangen sie an zu graben.

Ein Maulwurf guckt neugierig aus seinem Loch: „Was sucht ihr denn?"

„Einen Schatz!", rufen Balthasar und Ben gleichzeitig.

„Aber hier ist doch gar kein Schatz vergraben", sagt der Maulwurf.

Die Bären lachen: „Dann graben wir woanders!"

„Vielleicht könnt ihr mir vorher noch helfen?", bittet

der Maulwurf. „Mein Ausgang im Süden ist durch einen Baumstamm versperrt."

Sofort rollen die Freunde den Baumstamm zur Seite.

„Hurra!", jubelt der Maulwurf und schenkt ihnen einen Glitzerstein, den er tief in der Erde gefunden hat.

Inzwischen ist es schon dunkel geworden, und Ben und Balthasar marschieren mit ihrer Schaufel nach Hause.

„Schade", seufzt Balthasar, „jetzt haben wir doch keinen Schatz gefunden!"

„Und was ist das?", fragt Ben vergnügt und breitet die schönen Geschenke auf dem Küchentisch aus: die bunte Feder, die große Nuss und den funkelnden Glitzerstein. „Ist das etwa kein Schatz?"

„Doch! Na, klar!" Balthasar strahlt: „Sogar der schönste Schatz der Welt!"

Großer Bär und kleiner Bär

An einem warmen Sommertag liegen Ben und Balthasar in der Hängematte vor ihrem kunterbunten Bärenhäuschen. Ben liest ein dickes Buch über Bären: über Eisbären, Koalabären, Nasenbären und die schwarzweißen Pandabären. Eigentlich wollte er das Buch ja gemeinsam mit Balthasar angucken, aber der ist einfach eingeschlafen. So blättert Ben alleine weiter.

„Was? Das gibt es doch gar nicht!", ruft er plötzlich so laut, dass Balthasar aufwacht. „Hast du gewusst, dass es auch am Himmel Bären gibt?", fragt Ben seinen Freund.

„Was?", murmelt Balthasar verschlafen und reibt sich die Augen mit seinen Vordertatzen.

„Hier steht", erklärt Ben und zeigt in sein Buch, „dass
es auch hoch oben am Himmel Bären gibt. Zwei Stück,
um genau zu sein: Nämlich einen großen Bären und einen
kleinen. Man soll sie sogar hier von der Erde aus sehen
können!"

Balthasar blinzelt in den hellen Sonnenhimmel. „Wo
denn? Ich sehe keine Bären!"

Ben liest noch einmal nach. „Man kann sie nur am
Sternenhimmel sehen!", sagt er dann.

„Wahrscheinlich schlafen sie tagsüber!", überlegt
Balthasar.

„Ja, genau wie du!" Ben lacht, dass die Hängematte
wackelt.

Den ganzen Nachmittag warten die beiden Bären-

freunde ungeduldig darauf, dass es Abend wird. Endlich geht die Sonne hinter dem See unter. Der Himmel wird langsam grau, dann schwarz. Im leichten Abendwind schaukeln Ben und Balthasar in der Hängematte und schauen zum Himmel. Unzählige Sterne blitzen, blinken und glitzern, dass es eine wahre Pracht ist.

„Da!", ruft Ben auf einmal und zeigt zum Himmel. „Da sind sie!"

Und wirklich: Zwei Bären, ein großer und ein kleiner, stehen oben leuchtend am Sternenhimmel und schauen zu ihnen hinab.

„Oh ja!", flüstert Balthasar. „Und nett sehen sie aus.

Ich wette, die beiden sind auch so gut befreundet wie wir!"

„Bestimmt!", brummt Ben und legt seine Tatze um Balthasar.

„Meinst du, wir können sie mal besuchen?", fragt Balthasar.

Ben überlegt: „Ich weiß nicht, sie sind doch so weit weg!"

„Aber sehen können wir uns doch!", meint Balthasar und winkt den beiden Bären am Himmel zu. Und der große und der kleine Bär hoch oben winken zurück.

Ben reibt sich verdutzt die Augen. Das gibt es doch gar nicht? – Doch, sie winken tatsächlich! Und Ben winkt auch!

Meine Güte, da haben wir aber ganz schön viel erlebt im Bärenwald. Und das Beste: Das Buch ist noch nicht zu Ende. Siehst du die Bilder unten auf der gegenüberliegenden Seite? Durch die Löcher kannst du wieder zurück zu deiner Lieblingsgeschichte.

Oder du gehst zurück zu den Geschichten, die du vorhin ausgelassen hast.

Wenn du also die Geschichte vom Himbeertörtchen lesen willst, brauchst du deinen Finger nur durch das Loch mit dem Bild vom Himbeertörtchen zu stecken, und schon kommst du wieder auf der Seite raus, wo die Geschichte steht.

Oder du suchst dir eine der drei anderen Geschichten aus. Die Bilder verraten dir immer, worum es in der jeweiligen Geschichte geht. Also los: Kriechen wir zurück in das Buch!

Willst du die Geschichten lieber selbst nachspielen? Auf der nächsten Seite findest du Ben und Balthasar als Fingerpuppen. Einfach ausschneiden, zusammenkleben – und fertig sind die Fingerpuppen.

**Viel Spaß,
deine Leseraupe**

Julia Boehme wurde 1966 in Bremen geboren. Sie studierte Literatur- und Musikwissenschaft und arbeitete danach als Redakteurin beim Kinderfernsehen. Seit einiger Zeit schreibt sie Kinderbücher und denkt sich Geschichten fürs Fernsehen aus.

Michael Schober wurde 1966 geboren. Er lebt mit seiner Frau und zwei Söhnen (und ein paar Hühnern) in einem alten Hopfenhof. Zahlreiche Kinderbücher sind von ihm illustriert und geschrieben worden. Ein Zeichentrickfilm fürs Fernsehen ist in Arbeit.

Hallo!

War das spannend im Bärenwald!

Aber ich habe noch mehr erlebt.
Ihr glaubt gar nicht, was bei den
Seeräubern alles los war. Wenn ihr
wissen wollt, wie der Seeräuber
Eusebius und die Lachmöwe Elvira
das gefährliche Ungeheuer in die
Flucht geschlagen haben, dann
kommt doch wieder mit!

Außerdem gibt es noch
folgende Bücher mit mir:

Loewe